FRENCH

CLEP* Study Guide

> All rights reserved. This Study Guide, Book and Flashcards are protected under the US Copyright Law. No part of this book or study guide or flashcards may be reproduced, distributed or stored in a retrieval system, or transmitted in any form or by any means, electronic, mechanical, photocopying, recording, or otherwise, without the prior written permission of the publisher Breely Crush Publishing, LLC.

© 2019 Breely Crush Publishing, LLC

*CLEP is a registered trademark of the College Entrance Examination Board which does not endorse this book.

971083018143

Copyright ©2003 - 2019, Breely Crush Publishing, LLC.

All rights reserved.

This Study Guide, Book and Flashcards are protected under the US Copyright Law. No part of this publication may be reproduced, distributed or stored in a retrieval system, or transmitted in any form or by any means, electronic, mechanical, photocopying, recording, or otherwise, without the prior written permission of the publisher Breely Crush Publishing, LLC.

Published by Breely Crush Publishing, LLC
10808 River Front Parkway
South Jordan, UT 84095
www.breelycrushpublishing.com

ISBN-10: 1-61433-568-0
ISBN-13: 978-1-61433-568-9

Printed and bound in the United States of America.

*CLEP is a registered trademark of the College Entrance Examination Board which does not endorse this book.

Table of Contents

Read This First! *1*
Listen and Watch *1*
About the French Language CLEP *2*
Gender in French *2*
Now You Try - Gender *4*
Verb Conjugations *5*
The Family *8*
Now You Try - Family *9*
Colors *10*
Now You Try - Colors *10*
Numbers *11*
Now You Try - Numbers *12*
Months *13*
Now You Try - Months *13*
Days of the Week *14*
Now You Try - Days Of The Week *14*
School *15*
Now You Try - School *16*
Top 100 Common Verbs *17*
Now You Try - Verbs *20*
Professions *22*
Now You Try - Professions *23*
Places *24*
Now You Try - Places *24*
Greetings *25*
Now You Try - Greetings *25*
Weather & Seasons *26*
Now You Try - Weather & Seasons *26*
Fruits et Légumes *28*
Now You Try - Weather & Seasons *29*
Sample Test Questions *30*
Section One - Listening *30*
Test Questions Answers & Translation *34*
Section Two - Listening *38*
Test Questions Answers & Translation *47*
Section Three - Reading Part A *55*
Test Questions Answers & Translation *58*
Section Three - Reading Part B *61*
Test Questions Answers & Translation *65*

Section Three - Reading Part C 70
Test Questions Answers & Translation 77
Test-Taking Strategies 86
What Your Score Means 86
Specific Test Information 87
Legal Note 87

Read This First!

The French Language CLEP test is a test that you only want to undertake with prior French experience. At the very minimum, you need at least two years of High School level French to be able to pass this exam. For individuals who are native speakers, this test is a must for you to take. If you don't need this type of credit, it can apply as elective credit. This study guide is unique as it does review and teach you the information, but it requires prior knowledge. Most of this study guide will be used to provide familiarity with the testing procedures and practice your understanding in a simulated testing experience.

Listen and Watch

To re-familiarize yourself with the language, you should speak with as many people as you can in French. Take time to have different conversations. If you don't have someone that you can practice with, turn on the television and watch French language television. A good type of program to watch are the French language dramas or soap operas. These provide normal, common conversations that are generally spoken slow enough for you to understand. You can watch television from France, Canada and other French language countries online, for free! There a several good resources online. We suggest this link: http://www.bbc.co.uk/languages/french/tv/onbbc.shtml

You can also find other French television online by typing in Watch French Television Online in any search engine. Almost all are free and will give you practice in listening to French. This is important because you will need listening practice to do well on the test. There are a lot of paid and free resources out there. If you want to go to a more reputable place to get good information, check out this link to the BBC http://www.bbc.co.uk/languages/French/talk/greetings/ This website has free video clips and short pratice activities.

About the French Language CLEP

The French Language CLEP exam is much different from other CLEP tests. For example, for this exam, there are only four answer choices, while other CLEP tests have five answer choices.

It is important to guess if you do not know the correct answer. If you know that one answer is NOT right, by using the process of elimination, you give yourself a better chance of getting the answer right, and a better chance for a passing score. You are not penalized for getting an answer wrong. You will earn one point for every question you get right.

Each section of the test will have specific instructions for that part of the test. The sample test section of the study guide will mimic those sections and sample test questions. It is important to read those instructions so you know the flow of the test.

Gender in French

Gender in French is very important. Each noun has a feminine or masculine version. Feminine nouns use "la" before the noun. For example, "la femme" or "the woman" shows that in French when you use an article, or the word "the," you use it in a feminine or masculine way.

For most native speakers, this is usually an unconscious distinction, as it was learned. For speakers learning the language, it takes a bit more time to master. There are some simple rules that can give you some clues to know when to use a masculine or feminine article.

RULES FOR FEMININE WORDS

Feminine nouns use la.

Generally nouns ending in the following are feminine:
- ade
- ale
- ance
- ence
- ette
- ie

- ique
- oire
- sion
- tion
- ure

RULES FOR MASCULINE WORDS

Masculine nouns use le.

Generally nouns ending in the following are masculine:
- acle
- age
- al
- eau
- et
- ier
- isme
- ment

There are some exceptions to the gender rules, but these guidelines will prevail 99% of the time. When any word is plural, always use les instead of le or la.

Now You Try - Gender

Here is a quick test for masculine vs feminine. Write the correct article, le, la, or les next to the word.

1. _____ téléphone
2. _____ chapeau
3. _____ bureau
4. _____ fleur
5. _____ crayons
6. _____ pomme
7. _____ banque
8. _____ jardin
9. _____ livres
10. _____ chaise

Answers

1. le téléphone (telephone)
2. le chapeau (hat)
3. le bureau (desk)
4. la fleur (flower)
5. les crayons (pencils)
6. la pomme (apple)
7. la banque (bank)
8. le jardín (garden)
9. les livres (books)
10. la chaise (chair)

 Verb Conjugations

When you hear a word like infinitive, it is enough to get you to put down this study guide and decide you won't be testing out after all. That doesn't have to be the case! Yes, this word sounds scary! But read on because you don't have to be a linguistics major to understand when to use the correct version.

Infinitive is a simple way of describing the ending of the verb (like ser or ger). For example, the verb manger has an infinitive of -er. Mang- is the stem of the word.
Here is the basic layout for all verb conjugations:

Je	Nous
Tu	Vous
Il	Ils

Je - I Nous - We
Tu - You Vous - You (informal, plural)
Il- He/She Ils - They

All regular verbs are conjugated in these patterns. You will not need to tell the difference between difference tenses. In English these are past, present and future. In French these are:

Present Imperfect Future Conditional Subjective

These types of verbs are each conjugated differently. Most beginning students start with the present and imperfect tenses. Included below are all five tenses for the verb "parler" or to speak.

	Present	Imperfect	Future	Conditional	Subjunctive
je	parle	parlais	parlerai	parlerais	parle
tu	parles	parlais	parleras	parlerais	parles
il	parle	parlait	parlera	parlerait	parle
nous	parlons	parlions	parlerons	parlerions	parlions
vous	parlez	parliez	parlerez	parleriez	parliez
ils	parlent	parlaient	parleront	parleraient	parlent

The stem of the word parler is kept (which is parl-) and the ends are added (shown in italics).

The following is the verb "dire" which means to say.

	Present	Future	Imperfect
je	dis	dirai	disais
tu	dis	diras	disais
il	dit	dira	disait
nous	disons	dirons	disions
vous	dites	direz	disiez
ils	disent	diront	disaient

The following verb is "avoir" which means to have. This is an irregular verb and one of the most commonly used in French.

	Present	Future	Imperfect
j'	ai	aurai	avais
tu	as	auras	avais
il	a	aura	avait
nous	avons	aurons	avions
vous	avez	aurez	aviez
ils	ont	auront	avaient

The following verb is "savoir" which means to know. This is an irregular verb and one of the most commonly used in French.

	Present	Future	Imperfect
je	sais	saurai	savais
tu	sais	sauras	savais
il	sait	saura	savait
nous	savons	saurons	savions
vous	savez	saurez	saviez
ils	savent	sauront	savaient

The following verb is "aller" which means to go. This is an irregular verb and one of the most commonly used in French.

	Present	Future	Imperfect
je/j'	vais	irai	allais
tu	vas	iras	allais
il	va	ira	allait
nous	allons	irons	allions
vous	allez	irez	alliez
ils	vont	iront	allaient

The following verb is "être" which means to be. This is an irregular verb and one of the most commonly used in French.

	Present	Future	Imperfect
je/j'	suis	serai	étais
tu	es	seras	étais
il	est	sera	était
nous	sommes	serons	étions
vous	êtes	serez	étiez
ils	sont	seront	étaient

Now, you will not need to know how to determine or label tense on the CLEP test. But you do need to know when the correct form of a verb is being used. To a native French speaker, this is easy and instinctive. To a speaker of 5+ years, this is also the case. For most beginner students, the best way for you to study French is to practice and understand verb conjugation, but to spend most of your time learning the most common 100 verbs and listening and reading French to increase your comprehension.

The Family

French	English
grand-mère	Grandmother
grand-père	Grandfather
ami	Friend
belle-sœur	Sister-in-law
beau-frère	Brother-in-law
femme	Wife
mari	Husband
soeur	Sister
frère	Brother
fille	Daughter
fils	Son
mère	Mother
petite-fille	Granddaughter
petit-fils	Grandson
père	Father
cousine	Cousin (female)
cousin	Cousin (male)
nièce	Niece
neveu	Nephew
belle-mère	Mother-in-law
beau-père	Father-in-law
tante	Aunt
oncle	Uncle

NOW YOU TRY - FAMILY

Answer the following questions, with the French answer on the line below, without looking at the chart.

1. Your sister's son is your _____.
2. Your mother _____.
3. Your husband's sister is your _____.
4. Your son _____.
5. Your mother's mother is your _____.
6. Your brother _____.
7. Your wife _____.
8. Your mother's father _____.
9. Your aunt's son is your _____.
10. Your father _____.

ANSWERS

1. neveu
2. mère
3. belle-sœur
4. fils
5. grand-mère
6. frère
7. femme
8. grand-père
9. cousin
10. père

 # Colors

French	English
jaune	Yellow
orange	Orange
bleu	Blue
blanc	White
gris	Gray
marron	Brown
violet	Purple
noir	Black

NOW YOU TRY - COLORS

Write the name of the color next to the French word.

1. gris _____
2. bleu _____
3. noir _____
4. blanc _____
5. jaune _____

ANSWERS

1. gray
2. blue
3. black
4. white
5. yellow

Numbers

Number	French
0	zéro
1	un
2	deux
3	trois
4	quatre
5	cinq
6	six
7	sept
8	huit
9	neuf
10	dix
11	onze
12	douze
13	treize
14	quatorze
15	quinze
16	seize
17	dix-sept
18	dix-huit
19	dix-neuf
20	vingt
30	trente
40	quarante
50	cinquante
60	soixante
70	soixante-dix
80	quatre-vingts
90	quatre-vingt-dix
100	cent
1st	premier
2nd	deuxième
3rd	troisième
4th	quatrième

NOW YOU TRY - NUMBERS

Write the name of the number next to the French word.

1. troisième _____
2. quatre _____
3. cent _____
4. premier _____
5. quatorze _____

ANSWERS

1. third
2. four
3. one hundred
4. first
5. fourteen

 Months

French	English
janvier	January
février	February
mars	March
avril	April
mai	May
juin	June
juillet	July
août	August
septembre	September
octobre	October
novembre	November
décembre	December

Remember that in French, the months of the year are not capitalized.

NOW YOU TRY - MONTHS

Write the name of the month next to the French word.

1. octobre _____
2. janvier _____
3. mai _____
4. juillet _____
5. août _____

ANSWERS

1. October
2. January
3. May
4. July
5. August

Days of the Week

French	English
lundi	Monday
mardi	Tuesday
mercredi	Wednesday
jeudi	Thursday
vendredi	Friday
samedi	Saturday
dimanche	Sunday

Remember that in French, the days of the week not capitalized. In French speaking countries, the week begins on Monday.

NOW YOU TRY - DAYS OF THE WEEK

Write the name of the day of the week next to the French word.

1. mercredi _____
2. samedi _____
3. vendredi _____
4. dimanche _____
5. lundi _____

ANSWERS

1. Wednesday
2. Saturday
3. Friday
4. Sunday
5. Monday

School

French	English
stylo	ballpoint pen
tableau	blackboard
livre	book
calculatrice	calculator
craie	chalk
classe	class
salle de classe	classroom
bureau	desk
dictionnaire	dictionary
gomme	eraser
salle de gym	gym
hall	hall
bibliothèque	library
carnet	notebook
papier	paper
crayon	pencil
taille-crayon	pencil sharpener
régle	ruler
enseignant	teacher
savoir	to know
apprendre	to learn
étude	to study
atelier	workshop

Now You Try - School

Write the name of the item next to the French word.

1. craie _____
2. régle _____
3. savoir _____
4. hall _____
5. stylo _____
6. classe _____
7. livre _____
8. tableau _____
9. bureau _____
10. crayon _____

Answers

1. chalk
2. ruler
3. to know
4. hallway
5. pen
6. class
7. book
8. blackboard
9. desk
10. pencil

 # Top 100 Common Verbs

French	English
ouvrir	open
accepter	accept
marcher	walk
fermer	turn off
apprendre	learn
danser	dance
boire	drink
chercher	look for
aller	fit
tomber	fall
changer	change
annuler	cancel
chanter	sing
fermer	close
commencer	start
manger	eat
acheter	buy
conduire	drive
compter	count
courir	run
couper	cut
croire	believe
blesser	hurt
donner	give
trèbucher	trip
dire	say
partir	leave
éveiller	wake up
faire	draw
dormir	sleep
allumer	turn on
trouver	find

ensegneir	teach
comprendre	understand
envoyer	send
écrire	write
écouter	listen
attendre	wait
être	be
étudier	study
expliquer	explain
signer	sign
fumer	smoke
avoir	have
parler	talk
sourire	smile
essayer	try
aller	go
jouer	play
lire	read
nettoyer	clean
appeler	call
arriver	arrive
remplir	fill
prendre	take
pleuvoir	rain
regarder	look
nager	swim
cuisinier	cook
entendre	hear
oublier	forget
organiser	organize
payer	pay
passer	pass
peigne	comb
croire	think
penser	think
permettre	allow
pouvoir	can

mettre	put
lever	stand
demander	ask
inquiéter	worry
emprunter	borrow
séjourner	stay
aller	complain
vouloir	want
parcourir	wander
fixer	fix
répondre	reply
casser	break
savoir	know
partir de	leave
suivre	follow
s'asseoir	sit
crier	yell
voler	steal
finir	finish
prendre	take
tousser	cough
travailler	work
apporter	bring
utiliser	use
vendre	sell
venir	come
voir	see
habiller	dress
voyager	travel
vivre	live
voler	fly

NOW YOU TRY - VERBS

Write the name of the verb next to the French word.

1. comprendre _____
2. aller _____
3. fumer _____
4. signer _____
5. lire _____
6. étudier _____
7. marcher _____
8. commencer _____
9. dormir _____
10. écouter _____
11. couper _____
12. donner _____
13. appeler _____
14. regarder _____
15. éveiller _____
16. blesser _____
17. chanter _____
18. faire _____
19. ouvrir _____
20. apprendre _____
21. oublier _____
22. mettre _____
23. apporter _____
24. utiliser _____
25. avoir _____
26. s'asseoir _____
27. casser _____
28. savoir _____
29. être _____
30. emprunter _____

ANSWERS

1. understand
2. go
3. smoke
4. sign
5. read
6. study
7. walk
8. start
9. sleep
10. listen
11. cut
12. give
13. call
14. look for
15. wake up
16. hurt
17. sing
18. draw
19. open
20. learn
21. forget
22. put
23. bring
24. use
25. have
26. sit
27. break
28. know
29. be
30. borrow

Professions

French	English
avocat	lawyer
actrice	actress
banquier	banker
bibliothécaire	librarian
pompier	firefighter
serveur	waiter
chanteur	singer
boucher	butcher
facteur	mailman
prêtre	priest
conducteur	driver
dentiste	dentist
sans-emploi	unemployed
électricien	electrician
salarié	employee
infirmier	nurse
écrivain	writer
fleuriste	florist
plombier	plumber
photographe	photographer
jardinier	gardener
enseignant	teacher
marin	sailor
mécanicien	mechanic
mécanicien	doctor
coiffeur	hairdresser
pêcheur	fisherman
pilote	pilot
peintre	painter
professeur	professor

NOW YOU TRY - PROFESSIONS

Write the name of the profession next to the French word.

1. peintre _____
2. mécanicien _____
3. infirmier _____
4. pompier _____
5. écrivain _____
6. conducteur _____
7. banquier _____
8. jardinier _____
9. pêcheur _____
10. prêtre _____

ANSWERS

1. painter
2. mechanic
3. nurse
4. firefighter
5. writer
6. driver
7. banker
8. gardener
9. fisherman
10. priest

 Places

French	English
aéroport	airport
banque	bank
bibliothèque	library
café	cafe
école	school
pharmacie	pharmacy
hôpital	hospital
econ marché	market
musée	museum
poste de police	police station
hôtel	hotel
restaurant	restaurant
magasin	store

NOW YOU TRY - PLACES

Write the name of the number next to the French word.

1. musée _____
2. magasin _____
3. aéoport _____
4. pharmacie _____
5. bibliothèque _____

ANSWERS

1. museum
2. store
3. airport
4. pharmacy
5. library

 # Greetings

French	English
à bientôt	see you soon
au revoir	see you later
bien	good
bienvenue	welcome
bonjour	hello
bonsoir	good evening
ça va pas	it's not going too well
ça va?	how's it going?
comment allez-vous?	how are you?
oui, ça va	it's going good
pas mal	not bad
salut	hi

NOW YOU TRY - GREETINGS

Write the greeting next to the French word.

1. au revoir _____
2. ça va pas _____
3. bienvenue _____
4. bonsoir _____
5. à bientôt _____
6. bien _____

ANSWERS

1. see you later
2. it's not going too well
3. welcome
4. good evening
5. see you soon
6. good

 # Weather & Seasons

French	English
beau	nice out
chaud	hot
du brouillard	foggy
du soleil	sunny
du vent	windy
frais	cool
froid	cold
gèle	freezing
humide	humid
lourd	heavy
mauvais	bad weather
neige	snowing
nuageux	cloudy
orageux	stormy
pleut	raining
pleut à verse	pouring

Now You Try - Weather & Seasons

Write the correct word or phrase next to the French word.

1. du brouillard _____
2. du vent _____
3. lourd _____
4. pleut _____
5. froid _____
6. beau _____
7. chaud _____
8. pleut à verse _____

ANSWERS

1. foggy
2. windy
3. heavy
4. raining
5. cold
6. nice out
7. hot
8. pouring

Fruits et Légumes

French	English
L'abricot (m)	Apricot
L'artichaut	Artichoke
Les asperges (f)	Asparagus
La fève	Broad-bean
Le chou-fleur	Cauliflower
Le céleri	Celery
La cerise	Cherry
La côtelette	Chop, cutlet
La clémentine	Clementine
La datte	Date
Les fruits secs	Dried fruit
Gras	Fatty
La figue	Fig
La macédoine de fruits	Fruit salad
Le raisin	Grape
Juteux	Juicy
L'agneau (m)	Lamb
Maigre	Lean
Le poireau	Leek
La lentille	Lentil
La laitue	Lettuce
Le citron vert	Lime
Le melon	Melon
Le brugnon	Nectarine
Les petits pois (m)	Peas
La prune	Plum
Le porc	Pork
Saignant	Rare
La framboise	Raspberry
La rhubarbe	Rhubarb
Mûr	Ripe

Le rôti	Roast
La peau	Skin
Pourri	Rotten
Le ragoût	Stew
La compote de fruits	Stewed fruit
La fraise	Strawberry
La patate douce	Sweet potato
Le navet	Turnip
Pas mûr	Unripe
Le veau	Veal

NOW YOU TRY - WEATHER & SEASONS

Write the correct word or phrase next to the French word.

1. La cerise _____
2. Juteux _____
3. La laitue _____
4. La chou-fleur _____
5. La peau _____
6. Saignant _____
7. Le brugnon _____
8. La fraise _____

ANSWERS

1. Cherry
2. Juicy
3. Lettuce
4. Cauliflower
5. Skin
6. Rare
7. Nectarine
8. Strawberry

Sample Test Questions

Section One - Listening

In this section you will hear a conversation in French. You will then hear four responses/answer choices, A, B, C, and D. After those four answer choices are spoken, you will have to enter the correct answer. You will only hear the answer once. This is an example, completely in English to make sure you understand the format of the question:

How are you doing today Marco?

    A) A little bit later.
    B) Fine and you?
    C) Wait awhile and I'll come with you.
    D) I can't today.

The correct answer is B) Fine and you? This is the proper response, the only response that actually makes sense in this context.

In this section of the CLEP test, the question as well as the answer choices will all be spoken. You will have to listen carefully as none of the questions will be written down. You will have 10 seconds to enter your answer before the next question begins.

Listen to the recorded audio at: http://www.passyourclass.com/listening.html

1) Où est ta sœur, Michelle?

    A) Elle est au magasin.
    B) Je suis allé à la fête.
    C) Elle jouait aux échecs.
    D) Elle ne m'a pas demandé.

2) Depuis quand étudiez-vous le français?

    A) Depuis plus de cinq ans.
    B) Aujourd'hui je ne peux pas.
    C) Je fais la cuisine plus tard.
    D) J'aime bien l'espagnol.

3) Comment s'appelle ton chat?

    A) Mon chat attrape des souris.
    B) Mon chat s'appelle Georges.
    C) Mon chat reste à la maison.
    D) C'est le chat de mon frère.

4) A quelle heure ferme la pharmacie.

    A) Ils sont en congé aujourd'hui.
    B) Elle ferme à midi aujourd'hui.
    C) Je vais à la pharmacie après le travail.
    D) Je n'ai pas le temps d'y aller.

5) Qu'est ce que tu veux pour le déjeuner aujourd'hui?

    A) Je déteste la nourriture.
    B) C'est l'heure d'y aller.
    C) Je suis prêt à manger.
    D) Je veux une salade.

6) Qui était à la porte?

    A) Je suis prêt.
    B) Qu'est ce que tu veux manger?
    C) C'était mon professeur de français.
    D) C'est l'heure?

7) Que veux-tu pour ton anniversaire?

    A) Je veux une nouvelle chaîne stéréo.
    B) J'ai ramené mon iPod au magasin.
    C) Je déteste les anniversaires.
    D) Je pense que c'est super.

8) Est-ce que tu joues d'un instrument de musique?

    A) Oui, j'ai un piano.
    B) J'adore la musique.
    C) Je ne sais pas jouer aux cartes.
    D) Je ne peux pas décider.

9) Pouvez-vous m'indiquer le bureau de poste?

    A) C'est quelque part par là.
    B) Pourquoi n'allez-vous pas plutôt au magasin?
    C) Tournez à droite à l'intersection.
    D) Je ne suis pas pressé d'y aller.

10) Voulez-vous du lait?

    A) Le lait est dans le frigo.
    B) Oui, s'il vous plaît, j'aime le lait.
    C) Si ta mère le dit.
    D) Je n'ai pas faim.

11) Il est tard. Tu as mal dormi?

    A) La chambre est confortable.
    B) Que penses-tu faire aujourd'hui?
    C) Oui, je n'ai pas arrêté de me retourner toute la nuit.
    D) Je suis quand même allé en cours.

12) Où est allé Pierre?

    A) Il était malade et il est rentré chez lui.
    B) Dans le couloir.
    C) J'ai beaucoup mangé.
    D) J'ai hâte que l'école soit finie.

13) Qu'est-ce qu'il y avait dans le courrier?

    A) On ne reçoit que de la publicité.
    B) Quelques factures et une lettre de ta maman.
    C) Je préfèrerais de la tarte.
    D) Le courrier est toujours en retard.

14) Est-ce que tu as une famille nombreuse?

    A) Oui, j'ai six frères et deux sœurs.
    B) Je suis la plus jeune.
    C) Ma famille a une grande maison.
    D) Ma famille est la meilleure.

15) Comment avez-vous rencontré votre femme?

   A) Je ne sais pas ce qu'elle est en train de faire.
   B) N'est-elle pas fantastique?
   C) C'est l'heure de la rejoindre.
   D) Des amis nous ont présentés à l'école.

16) Tu es prêt?

   A) Je suis prêt à partir quand tu veux.
   B) Dépêche-toi plus vite.
   C) Je suis toujours en retard.
   D) Je ne peux pas tout de suite.

17) Tu as acheté tout ce qui fallait au magasin?

   A) Non j'ai oublié les œufs et le pain.
   B) Elle m'a rejoint au magasin.
   C) Je déteste aller au magasin à cause de la queue.
   D) Fais-moi une nouvelle liste de commission.

18) Qu'est-ce qu'on devrait planter dans le jardin?

   A) Je n'aime que la salade.
   B) Je suis prêt à manger les récoltes.
   C) Je déteste travailler au jardin.
   D) Je voulais planter de la salade, des carottes et des tomates.

Test Questions Answers & Translation

1) Où est ta sœur, Michelle? Where is your sister Michelle?

   A) Elle est au magasin. **She's at the store.**
   B) Je suis allé à la fête. I went to the party.
   C) Elle jouait aux échecs. She played chess.
   D) Elle ne m'a pas demandé. She didn't ask me.

2) Depuis quand étudiez-vous le français? How long have you studied French?

   A) Depuis plus de cinq ans. **Over five years.**
   B) Aujourd'hui je ne peux pas. I can't today.
   C) Je fais la cuisine plus tard. I'm cooking later.
   D) J'aime bien l'espagnol. Spanish is fun.

3) Comment s'appelle ton chat? What is the name of your cat?

   A) Mon chat attrape des souris. My cat catches mice.
   B) Mon chat s'appelle Georges. **My cat's name is George.**
   C) Mon chat reste à la maison. My cat stays inside.
   D) C'est le chat de mon frère. It's my brother's cat.

4) A quelle heure ferme la pharmacie. What time does the drug store close?

   A) Ils sont en congé aujourd'hui. They have today off.
   B) Elle ferme à midi aujourd'hui. **It closes at noon today.**
   C) Je vais à la pharmacie après le travail. I'm going to the drug store after work.
   D) Je n'ai pas le temps d'y aller. I don't have time to go.

5) Qu'est ce que tu veux pour le déjeuner aujourd'hui? What do you want for lunch?

   A) Je déteste la nourriture. I hate food.
   B) C'est l'heure d'y aller. It's time to go.
   C) Je suis prêt à manger. I'm ready to eat.
   D) Je veux une salade. **I want a salad.**

6) Qui était à la porte? — Who was at the door?

   A) Je suis prêt. — I'm ready.
   B) Qu'est ce que tu veux manger? — What do you want to eat?
   C) C'était mon professeur de français. — **It was my French teacher.**
   D) C'est l'heure? — Is it time?

7) Que veux-tu pour ton anniversaire? — What do you want for your birthday?

   A) Je veux une nouvelle chaîne stéréo. — **I want a new stereo.**
   B) J'ai ramené mon iPod au magasin. — I took my iPod back to the store.
   C) Je déteste les anniversaires. — I hate birthdays.
   D) Je pense que c'est super. — I think that's great.

8) Est-ce que tu joues d'un instrument de musique? — Do you play a musical instrument?

   A) Oui, j'ai un piano. — **Yes, I play the piano.**
   B) J'adore la musique. — I love music.
   C) Je ne sais pas jouer aux cartes. — I don't know how to play cards.
   D) Je ne peux pas décider. — I can't decide.

9) Pouvez-vous m'indiquer le bureau de poste? — How do you get to the post office?

   A) C'est quelque part par là. — It's around here somewhere.
   B) Pourquoi n'allez-vous pas plutôt au magasin? — Why don't you go to the store instead?
   C) Tournez à droite à l'intersection. — **Turn right at the corner.**
   D) Je ne suis pas pressé d'y aller. — I'm not in a hurry to go.

10) Voulez-vous du lait? — Would you like milk?

    A) Le lait est dans le frigo. — Milk in fridge.
    B) Oui, s'il vous plaît, j'aime le lait. — **Yes, please, I like milk.**
    C) Si ta mère le dit. — If your mother says so.
    D) Je n'ai pas faim. — I'm not hungry.

11) Il est tard. Tu as mal dormi? — It's late. Did you have trouble sleeping?

    A) La chambre est confortable. — It's a comfortable room.
    B) Que penses-tu faire aujourd'hui? — What is your plan for today?
    C) Oui, je n'ai pas arrêté de me retourner toute la nuit. — **Yes, I tossed and turned all night.**
    D) Je suis quand même allé en cours. — I went to class anyway.

12) Où est allé Pierre?   Where did Pierre go?

   A) Il était malade et il est rentré chez lui.   **He was sick and went home.**
   B) Dans le couloir.   In the hallway.
   C) J'ai beaucoup mangé.   I ate a lot.
   D) J'ai hâte que l'école soit finie.   I can't wait for school to be over.

13) Qu'est-ce qu'il y avait dans le courrier?   What came in the mail?

   A) On ne reçoit que de la publicité.   All we ever get are advertisements.
   B) Quelques factures et une lettre de ta maman.   **Some bills and a letter from your mom.**
   C) Je préfèrerais de la tarte.   I would rather have pie instead.
   D) Le courrier est toujours en retard.   The mail is always late.

14) Est-ce que tu as une famille nombreuse?   Do you have a large family?

   A) Oui, j'ai six frères et deux sœurs.   **Yes, I have six brothers and two sisters.**
   B) Je suis la plus jeune.   I'm the youngest.
   C) Ma famille a une grande maison.   My family has a big house.
   D) Ma famille est la meilleure.   My family is the best in the world.

15) Comment avez-vous rencontré votre femme?   How did you meet your wife?

   A) Je ne sais pas ce qu'elle est en train de faire.   I'm not sure what she is doing.
   B) N'est-elle pas fantastique?   Isn't she great?
   C) C'est l'heure de la rejoindre.   It's time to meet her.
   D) Des amis nous ont présentés à l'école.   **Some friends introduced us at school.**

16) Tu es prêt?   Are you ready yet?

   A) Je suis prêt à partir quand tu veux.   **I'm ready to go when you are.**
   B) Dépêche-toi plus vite.   Hurry faster.
   C) Je suis toujours en retard.   I'm always late.
   D) Je ne peux pas tout de suite.   I can't right now.

17) Tu as acheté tout ce qui fallait au magasin?   Did you buy everything at the store?

   A) Non j'ai oublié les œufs et le pain.   **No, I forgot the eggs and bread.**
   B) Elle m'a rejoint au magasin.   She met me at the store.
   C) Je déteste aller au magasin à cause de la queue.   I hate going to the store because of long lines.
   D) Fais-moi une nouvelle liste de commission.   Make me a new grocery list.

18) Qu'est-ce qu'on devrait planter dans le jardin?   What should we plant in the garden?

   A) Je n'aime que la salade.   Lettuce is really all I like to eat.
   B) Je suis prêt à manger les récoltes.   I'm ready to eat the produce.
   C) Je déteste travailler au jardin.   I hate working in the garden.
   D) Je voulais planter de la salade, des carottes et des tomates.   **I wanted to plant lettuce, carrots and tomatoes.**

Section Two - Listening

In this section, you will hear an announcement, dialogue or report. You will only hear the selection one time so you need to make sure that you are listening carefully.

After the selection is spoken, you will need to select the answer choice. In this section, the answer choice will be provided. You will have eight minutes to complete this section. The time does not include when you are listening to the test.

In this section you may see a picture or a table. To enter your answer you will either need to select A-D or enter an answer, complete a table, put things in the correct order or click on a part of a picture.

In this section you can adjust the volume of the testing material. When you change the volume, it will change the volume on the next audio question. Unfortunately, you are unable to change the volume while the dialogue is being spoken.

Reportage spécial : un enfant a disparu tôt ce matin. Vers trois heures du matin, Mariposa Riviera a été portée disparue de son domicile. Elle portait un pyjama rouge la dernière fois qu'elle a été vue. Si vous l'appercevez, appelez la police immédiatement.

1) Où a-t-on vu l'enfant pour la dernière fois?

   A) Chez elle.
   B) Á l'école.
   C) Sur son lieu de travail.
   D) Chez ses grands-parents.

2) Quand a-t-elle été portée disparue?

   A) Le matin.
   B) Pendant la nuit.
   C) Pendant l'après-midi.
   D) Hier.

Je vais rentrer tard ce soir.
Á quelle heure vas-tu rentrer?
Je ne sais pas. Je n'ai pas terminé mon projet.
D'accord. Je vais faire à dîner pour les enfants.
Merci, tu es sympa.

3) Parce qu'elle doit travailler tard…

    A) Elle ne peut pas arroser les plantes.
    B) Son mari va faire le dîner.
    C) Son mari va l'attendre.
    D) Elle n'ira pas à la fête.

4) Á quelle heure va-t-elle rentrer?

    A) Á neuf heures.
    B) Elle ne sait pas.
    C) Avant le dîner.
    D) Demain matin.

Á quelle heure part le train pour Paris?
Il est déjà parti, Monsieur.
Comment? Je devais prendre ce train.
Désolé, monsieur, le prochain train part demain matin.
Demain matin? Je devrais acheter un biller.
Ça fera 100 euros.

5) Qu'est-il arrivé au passager?

    A) Il veut savoir combien coûte le train.
    B) Il a manqué le train.
    C) Il attend quelqu'un au train.
    D) Il veut voyager en première classe.

6) Combien de billet veut-il?

    A) Deux mille cinq cents.
    B) Seize.
    C) Quelques-uns.
    D) Un.

7) Quand part le prochain train?

    A) Dans une heure.
    B) Demain matin.
    C) Á cinq heures de l'après-midi.
    D) Plus tard cet l'après-midi.

Combien de couverts pour le déjeuner, monsieur?
Nous voudrions une table pour six, s'il vous plaît.
Je suis désolé, monsieur, il faudra attendre. Toutes nos tables sont prises.
Toutes? D'accord, il faut attendre combien de temps?
Á peu près trente minutes.
C'est trop long. Nous allons ailleurs.

8) Pourquoi quittent-ils le restaurant?

  A) Ils sont fermés.
  B) Il faut attendre trop longtemps.
  C) Le menu a changé.
  D) Ils ne prennent que du liquide.

9) Combien de personnes veulent déjeuner?

  A) Cinq.
  B) Six.
  C) Trente.
  D) Dix.

Je pense que Cancun est la meilleure destination de vacances. C'est parfait pour les familles et pour les couples. Il y a des restaurants romantiques pour les couples. Certains restaurants sont spécialisés pour accueillir les enfants dans une atmosphère détendue. La plage de Cancun est grande et magnifique. L'eau est chaude et claire avec beaucoup de poissons. On peut se détendre au soleil sur le sable. Aussi, les gens sont très sympathiques. De temps en temps, on vend des glaces sur la plage. Les magasins de Cancun sont supers. Il y a trois centres commerciaux. Le meilleur s'appelle La Isla. Il y a tellement de magasins que ça prend très longtemps de tous les visiter. Il y a même un aquarium.

10) Á Cancun, la plupart des gens se détendent

    A) Á la plage.
    B) Au centre commercial.
    C) Á l'aquarium.
    D) Au restaurant.

11) Combien de centres commerciaux y a-t-il à Cancun?

    A) Un.
    B) Deux.
    C) Trois.
    D) Quatre.

12) Pourquoi voudrait-on visiter La Isla?

    A) Il y a beaucoup à faire et à voir.
    B) Ce n'est pas cher.
    C) On y trouve les meilleurs magasins.
    D) C'est près de la plage.

Je ne me sens pas bien.
Qu'est-ce qu'il y a?
J'ai mal au ventre.
C'est quelque chose que tu as mangé?
Non, tout ce que j'ai mangé aujourd'hui, c'est un sandwich et une pomme. Je crois que j'ai la grippe.
Tu devrais peut-être voir mon docteur, il est juste en bas de la rue.
Je ne suis pas si malade.
Je suis désolé que tu ne te sentes pas bien, tu devrais peut-être rentrer chez toi.
Je crois que je vais faire ça. Á plus tard.
Au revoir.

13) Quel est le problème de Gina?

    A) Elle a mangé quelque chose qui l'a rendue malade.
    B) Elle a mal au ventre.
    C) Elle est fatiguée et elle veut rentrer chez elle.
    D) Elle va rentrer chez elle pour se reposer et revenir plus tard.

14) Que fait Gina maintenant?

    A) Elle va chez le docteur.
    B) Elle va au magasin.
    C) Elle va au travail.
    D) Elle rentre chez elle.

Tu veux aller au cinéma avec moi ce soir?
Peut-être, qu'est-ce que tu voulais voir?
Je ne suis pas sûr. Tu sais ce qu'il y a?
Non, aucune idée.
Tu as un programme des séances?
Non, mais je peux le consulter sur l'ordinateur.
D'accord, j'y vais à condition que ce soit quelque chose avec un peu d'action.
Comment? Tu en as assez des films d'amour? Et un western?
Non je préfère un film d'action.

15) Quel genre de film vont-ils voir?

   A) Un film d'amour.
   B) Un film d'action.
   C) Un film policier.
   D) Un western.

16) Comment vont-ils trouver l'horaire?

   A) En appelant au téléphone.
   B) En demandant à quelqu'un d'autre.
   C) En regardant sur l'ordinateur.
   D) En allant au cinéma.

Excusez-moi, monsieur, je suis perdu. Pouvez-vous m'indiquer la gare?
Bien sûr, vous descendez la rue et tournez à droite à l'église. C'est dans cette rue. Á quelle heure est votre train?
Á 9 heures et demi.
Á 9 heures et demi? Vous feriez mieux de vous dépêcher, vous allez être en retard.
En retard? Quelle heure est-il?
Il est 9 heures 25. Vous n'avez que cinq minutes.
Oh mon Dieu, je vais certainement le manquer. Je vais devoir courir tout le long.
Ne vous inquiétez pas, voici ma voiture, je vais vous emmener.
Merci ! Je ne peux pas rater le train, c'est le seul aujourd'hui !
Pas de problème. Ça ne me fait rien de vous emmener, vous me rappelez mon fils.

17) Quel est le problème de Jérôme?

   A) Il ne trouve pas la gare.
   B) Il a faim et il a besoin qu'on l'emmène.
   C) Il n'a pas assez d'argent pour le train.
   D) Il est pressé d'aller à l'église.

18) Comment va-t-il arriver à l'heure?

   A) Il va courir.
   B) On va l'emmener.
   C) Il va manquer le train.
   D) Il va marcher.

19) Pourquoi est-ce que l'homme aide Jérôme?

   A) Parce qu'il est généreux.
   B) Parce qu'il est professeur.
   C) Parce que Jérôme lui rappelle son fils.
   D) Parce qu'il travaille à l'église.

Excusez-moi, puis-je vous aider?
Oui, je dois acheter un cadeau.
C'est une occasion spéciale?
Oui, c'est notre anniversaire de mariage dans deux jours.
Super ! Vous êtes mariés depuis combien de temps?
On est mariés depuis six ans. Je veux lui acheter quelque chose de vraiment spécial.
Á quoi pensez-vous?
Je ne suis pas sûr. Quelque chose de joli. Elle aime les fleurs et les bijoux.
Que pensez-vous de ce collier-ci? Il est en or et en forme de rose.
Parfait !
Je peux vous faire un paquet cadeau si vous voulez. Vous pourrez le prendre à quatre heures.
C'est bon. Á plus tard.

20) Pour qui l'homme achète-t-il un cadeau?

   A) Sa femme.
   B) Sa mère.
   C) Sa sœur.
   D) Sa petite amie.

21) Pourquoi la vendeuse suggère-t-elle le collier?

   A) Parce que les femmes aiment les bijoux.
   B) Parce que c'est un joli cadeau.
   C) Parce que c'est une rose et c'est de l'or.
   D) Parce qu'on peut faire un paquet cadeau.

22) Pourquoi achète-t-il un cadeau?

   A) Juste comme ça.
   B) Ils se sont disputés.
   C) C'est son anniversaire.
   D) C'est leur anniversaire de mariage.

Test Questions Answers & Translation

Reportage spécial : un enfant a disparu tôt ce matin. Vers trois heures du matin, Mariposa Riviera a été portée disparue de son domicile. Elle portait un pyjama rouge la dernière fois qu'elle a été vue. Si vous l'appercevez, appelez la police immédiatement.	Special Report: a child has gone missing in the early morning hours. About three a.m., Mariposa Riviera was reported missing from her home. She was last seen wearing red pajamas. If you see her, call police immediately.

1) Où a-t-on vu l'enfant pour la dernière fois? — Where was the child last seen?

   A) Chez elle. — **At her home.**
   B) Á l'école. — At her school.
   C) Sur son lieu de travail. — At her job.
   D) Chez ses grands-parents. — At her grandparent's.

2) Quand a-t-elle été portée disparue? — When was she reported missing?

   A) Le matin. — **In the morning.**
   B) Pendant la nuit. — At night.
   C) Pendant l'après-midi. — In the afternoon.
   D) Hier. — Yesterday.

Je vais rentrer tard ce soir.	I won't be home until late tonight.
Á quelle heure vas-tu rentrer?	What time will you be home?
Je ne sais pas. Je n'ai pas terminé mon projet.	I'm not sure. I have to finish my project.
D'accord. Je vais faire à dîner pour les enfants.	Okay, I'll make dinner for the kids.
Merci, tu es sympa.	Thanks, you're great.

3) Parce qu'elle doit travailler tard… — Because she has to work late…

   A) Elle ne peut pas arroser les plantes. — She can't water the plants.
   B) Son mari va faire le dîner. — **Her husband will make dinner.**
   C) Son mari va l'attendre. — Her husband will wait up.
   D) Elle n'ira pas à la fête. — She won't be going to the party.

4) Á quelle heure va-t-elle rentrer? — What time will she be home?

   A) Á neuf heures. — At nine.
   B) Elle ne sait pas. — **She doesn't know.**
   C) Avant le dîner. — Before dinner.
   D) Demain matin. — Tomorrow morning.

Á quelle heure part le train pour Paris?	What time does the train leave to Paris?
Il est déjà parti, Monsieur.	Sir, it already left.
Comment? Je devais prendre ce train.	What? I was supposed to be on that train.
Désolé, monsieur, le prochain train part demain matin.	Sorry sir, the next train is tomorrow morning.
Demain matin? Je devrais acheter un biller.	Tomorrow morning? I guess I'll buy one ticket.
Ça fera 100 euros.	The cost is one-hundred euros.

5) Qu'est-il arrivé au passager?

    A) Il veut savoir combien coûte le train.
    B) Il a manqué le train.
    C) Il attend quelqu'un au train.
    D) Il veut voyager en première classe.

What happened to the passenger?

    He wants to know the price of the train.
    He missed the train.
    He's waiting for someone on the train.
    He wants first class.

6) Combien de billet veut-il?

    A) Deux mille cinq cents.
    B) Seize.
    C) Quelques-uns.
    D) Un.

How many tickets does he want?

    Twenty-five-hundred.
    Sixteen.
    A few.
    One.

7) Quand part le prochain train?

    A) Dans une heure.
    B) Demain matin.
    C) Á cinq heures de l'après-midi.
    D) Plus tard cet l'après-midi.

When is the next train?

    In an hour.
    Tomorrow morning.
    At five p.m.
    Later this afternoon.

Combien de couverts pour le déjeuner, monsieur?	How many for lunch sir?
Nous voudrions une table pour six, s'il vous plaît.	We'd like a table for six please.
Je suis désolé, monsieur, il faudra attendre. Toutes nos tables sont prises.	I'm sorry sir, you'll have to wait. All our large tables are full.
Toutes? D'accord, il faut attendre combien de temps?	Full? Okay, how long is the wait?
Á peu près trente minutes.	It will be about thirty minutes.
C'est trop long. Nous allons ailleurs.	That's too long. We'll go somewhere else.

8) Pourquoi quittent-ils le restaurant?   Why are they leaving the restaurant?

- A) Ils sont fermés.   They are closed.
- **B) Il faut attendre trop longtemps.**   **The wait is too long.**
- C) Le menu a changé.   The menu has changed.
- D) Ils ne prennent que du liquide.   They only take cash.

9) Combien de personnes veulent déjeuner?   How many people are eating lunch?

- A) Cinq.   Five.
- **B) Six.**   **Six.**
- C) Trente.   Thirty.
- D) Dix.   Ten.

Je pense que Cancun est la meilleure destination de vacances. C'est parfait pour les familles et pour les couples. Il y a des restaurants romantiques pour les couples. Certains restaurants sont spécialisés pour accueillir les enfants dans une atmosphère détendue. La plage de Cancun est grande et magnifique. L'eau est chaude et claire avec beaucoup de poissons. On peut se détendre au soleil sur le sable. Aussi, les gens sont très sympathiques. De temps en temps, on vend des glaces sur la plage. Les magasins de Cancun sont supers. Il y a trois centres commerciaux. Le meilleur s'appelle La Isla. Il y a tellement de magasins que ça prend très longtemps de tous les visiter. Il y a même un aquarium.

I think that Cancun is the best vacation. It is great for families and couples. There are romantic restaurants for couples. Some restaurants specialize in making kids feel welcome in a casual atmosphere. The beach in Cancun is large and beautiful. The water is warm and clear with lots of fish. You can just relax in the sun on the sand. Also, the people are very friendly. Sometimes they sell ice cream at the beach. The shopping in Cancun is great. They have three malls there. The best is called La Isla. They have so many stores that it takes you a long time to look at all the stores. It even has an aquarium.

10) Á Cancun, la plupart des gens se détendent

   A) Á la plage.
   B) Au centre commercial.
   C) Á l'aquarium.
   D) Au restaurant.

In Cancun, most people relax at the

Beach.
Mall.
Aquarium.
Restaurant.

11) Combien de centres commerciaux y a-t-il à Cancun?

   A) Un.
   B) Deux.
   C) Trois.
   D) Quatre.

How many malls are there in Cancun?

One.
Two.
Three.
Four.

12) Pourquoi voudrait-on visiter La Isla?

   A) Il y a beaucoup à faire et à voir.
   B) Ce n'est pas cher.
   C) On y trouve les meilleurs magasins.
   D) C'est près de la plage.

Why is La Isla somewhere you want to go?

There are is a lot to do and see.
It's inexpensive.
It has the best stores.
It is near the beach.

Je ne me sens pas bien.	I don't feel good.
Qu'est-ce qu'il y a?	What's wrong?
J'ai mal au ventre.	My stomach is upset.
C'est quelque chose que tu as mangé?	Was it something you ate?
Non, tout ce que j'ai mangé aujourd'hui, c'est un sandwich et une pomme. Je crois que j'ai la grippe.	No, all I had today was a sandwich and an apple. I think I've got the flu.
Tu devrais peut-être voir mon docteur, il est juste en bas de la rue.	Maybe you should go see my doctor, he's just down the block.
Je ne suis pas si malade.	I don't feel that bad.
Je suis désolé que tu ne te sentes pas bien, tu devrais peut-être rentrer chez toi.	Well, I'm sorry you don't feel well, maybe you should go home.
Je crois que je vais faire ça. Á plus tard.	I think I will. See you later.
Au revoir.	Bye.

13) Quel est le problème de Gina?   What was wrong with Gina?

    A) Elle a mangé quelque chose qui l'a rendue malade.   Something she ate made her sick.
    B) Elle a mal au ventre.   **Her stomach hurts.**
    C) Elle est fatiguée et elle veut rentrer chez elle.   She's tired and wants to go home.
    D) Elle va rentrer chez elle pour se reposer et revenir plus tard.   She'll go home and rest and come back later.

14) Que fait Gina maintenant?   What is Gina doing now?

    A) Elle va chez le docteur.   Going to the doctor.
    B) Elle va au magasin.   Going to the store.
    C) Elle va au travail.   Going to work.
    D) Elle rentre chez elle.   **Going home.**

Tu veux aller au cinéma avec moi ce soir?	Do you want to go to the cinema with me tonight?
Peut-être, qu'est-ce que tu voulais voir?	Maybe, what did you want to see?
Je ne suis pas sûr. Tu sais ce qu'il y a?	I'm not sure. Do you know what's out?
Non, aucune idée.	No, I don't have a clue.
Tu as un programme des séances?	Do you have a schedule for their showings?
Non, mais je peux le consulter sur l'ordinateur.	No, but we can look it up on the computer.
D'accord, j'y vais à condition que ce soit quelque chose avec un peu d'action.	Okay, we'll I'll go as long as we see something with a little action.
Comment? Tu en as assez des films d'amour? Et un western?	What? You're tired of romance movies? What about a western?
Non je préfère un film d'action.	No, I'd rather see an action movie.

15) Quel genre de film vont-ils voir?   What type of movie are they going to go see?

   A) Un film d'amour.   A romance movie.
   B) Un film d'action.   **An action movie.**
   C) Un film policier.   A mystery movie.
   D) Un western.   A western.

16) Comment vont-ils trouver l'horaire?   How will they find out the time?

   A) En appelant au téléphone.   Call on the phone.
   B) En demandant à quelqu'un d'autre.   Ask someone else.
   C) En regardant sur l'ordinateur.   **Look it up on the computer.**
   D) En allant au cinéma.   Go to the theater.

French	
Excusez-moi, monsieur, je suis perdu. Pouvez-vous m'indiquer la gare?	Excuse me sir, I'm lost. Can you help me find the way to the train station?
Bien sûr, vous descendez la rue et tournez à droite à l'église. C'est dans cette rue. Á quelle heure est votre train?	Sure, you head down the block and turn right at the church. It's on that street. What time is your train?
Á 9 heures et demi.	At 9:30 a.m.
Á 9 heures et demi? Vous feriez mieux de vous dépêcher, vous allez être en retard.	At 9:30 a.m.? You better hurry you're going to be late.
En retard? Quelle heure est-il?	Late? What time is it?
Il est 9 heures 25. Vous n'avez que cinq minutes.	It's 9:25 a.m. You only have five minutes.
Oh mon Dieu, je vais certainement le manquer. Je vais devoir courir tout le long.	Oh my gosh, I'm going to miss it for sure. I'll have to run the whole way.
Ne vous inquiétez pas, voici ma voiture, je vais vous emmener.	Don't worry, this is my car here, I'll give you a ride.
Merci! Je ne peux pas rater le train, c'est le seul aujourd'hui!	Thanks so much! I can't miss the train, there's only one today!
Pas de problème. Ça ne me fait rien de vous emmener, vous me rappelez mon fils.	No problem. I don't mind giving you a ride, you remind me of my son.

17) Quel est le problème de Jérôme? — What is the Jérôme's problem?

   A) Il ne trouve pas la gare. — **He can't find the train station.**
   B) Il a faim et il a besoin qu'on l'emmène. — He's hungry and needs a ride.
   C) Il n'a pas assez d'argent pour le train. — He doesn't have enough money for the train.
   D) Il est pressé d'aller à l'église. — He's in a hurry to get to church.

18) Comment va-t-il arriver à l'heure? — How will he get there on time?

   A) Il va courir. — He will run.
   B) On va l'emmener. — **He will get a ride.**
   C) Il va manquer le train. — He will miss the train.
   D) Il va marcher. — He will walk.

19) Pourquoi est-ce que l'homme aide Jérôme? — Why does the man help Jérôme?

   A) Parce qu'il est généreux. — Because he is generous.
   B) Parce qu'il est professeur. — Because he is a teacher.
   C) Parce que Jérôme lui rappelle son fils. — **Because Jérôme reminds him of his son.**
   D) Parce qu'il travaille à l'église. — Because he works for the church.

Excusez-moi, puis-je vous aider?
Oui, je dois acheter un cadeau.
C'est une occasion spéciale?
Oui, c'est notre anniversaire de mariage dans deux jours.
Super ! Vous êtes mariés depuis combien de temps?
On est mariés depuis six ans. Je veux lui acheter quelque chose de vraiment spécial.
Á quoi pensiez-vous?
Je ne suis pas sûr. Quelque chose de joli. Elle aime les fleurs et les bijoux.
Que pensez-vous de ce collier-ci? Il est en or et en forme de rose.
Parfait !
Je peux vous faire un paquet cadeau si vous voulez. Vous pourrez le prendre à quatre heures.
C'est bon. Á plus tard.

Excuse me, can I help you?
Yes, I need to get a gift.
Is it a special occasion?
Yes, it's our anniversary in two days.
Wow, that's exciting. How many years have you been married?
We've been married six years. I want to get her something really special.
What did you have in mind?
I'm not sure. Something nice. She likes flowers and jewelry.
What about this necklace here? It is gold and it's in the shape of a rose.
Perfect!
I can have it gift-wrapped if you would like. You can pick it up at four.
That sounds fine. I'll see you then.

20) Pour qui l'homme achète-t-il un cadeau?

A) Sa femme.
B) Sa mère.
C) Sa sœur.
D) Sa petite amie.

Who is the man buying a gift for?

His wife.
His mother.
His sister.
His girlfriend.

21) Pourquoi la vendeuse suggère-t-elle le collier?

A) Parce que les femmes aiment les bijoux.
B) Parce que c'est un joli cadeau.
C) Parce que c'est une rose et c'est de l'or.
D) Parce qu'on peut faire un paquet cadeau.

Why does the clerk suggest the necklace?

Because women like jewelry.
Because it's a nice gift.
Because it is a rose and gold.
Because it can be gift wrapped.

22) Pourquoi achète-t-il un cadeau?

A) Juste comme ça.
B) Ils se sont disputés.
C) C'est son anniversaire.
D) C'est leur anniversaire de mariage.

Why is he buying a gift?

Just because.
They were in a fight.
It's her birthday.
It's their anniversary.

Section Three - Reading Part A

In this section, complete the phrase or sentence with the correct word/answer choice.

1) Il a rendu ses devoirs ------.

    A) Á l'école
    B) Au travail
    C) À la maison
    D) Au poste de police

2) Je dois envoyer ma lettre ------ avant d'aller au travail.

    A) Á la poste
    B) Á la bibliothèque
    C) Au poste de police
    D) Au magasin

3) Que veux-tu faire ce soir? Je n'ai rien envie de ------.

    A) Fait
    B) Faire
    C) Faisait
    D) Faisant

4) Je suis fatigué. Je vais aller m'allonger dans ma ------.

    A) Chambre
    B) Sol
    C) Placard
    D) Table

5) Mon professeur dit que nous devons tous faire plus de devoirs parce que ------ n'ont pas eu une bonne note à leur test.

    A) Ces étudiants
    B) Il étudiants
    C) Certains étudiants
    D) Mes étudiants

6) J'ai hâte d' ------ en vacances.

    A) Aller
    B) Allais
    C) Allant
    D) Allé

7) Allons à la piscine ------.

    A) Hier
    B) Avant-hier
    C) La semaine dernière
    D) Ce soir

8) C'est l'heure de partir ------ tu n'es toujours pas prêt.

    A) Ou
    B) Mais
    C) Maintenant
    D) Plus tard

9) Je veux de la glace. Quel ------ veux-tu?

    A) Genre
    B) Odeur
    C) Parfum
    D) Comment

10) ------ peux-tu y aller demain? Je croyais que tu devais travailler?

    A) Comment
    B) Est-ce que
    C) Quoi
    D) Que

11) J'ai acheté du lait, du pain et de la mayonnaise ------.

    A) Au travail
    B) Au magasin
    C) Á la bibliothèque
    D) Á la banque

12) Elle est tellement heureuse, elle ------ tout le temps.

   A) Boude
   B) Peur
   C) Sourit
   D) Pleure

13) Les livres sont ------ la bibliothèque.

   A) En-dehors
   B) Dans
   C) Par là
   D) Á côté de

14) Donne-moi ton ------ pour que je te donne à boire.

   A) Assiette
   B) Fourchette
   C) Couteau
   D) Verre

 # Test Questions Answers & Translation

1) Il a rendu ses devoirs ------.   He turned in his homework at -------.

   A) Á l'école   School
   B) Au travail   **Work**
   C) À la maison   Home
   D) Au poste de police   Police Station

2) Je dois envoyer ma lettre ------ avant d'aller au travail.   I'm supposed to mail my letter at the ------- before I go to work.

   A) Á la poste   **Post Office**
   B) Á la bibliothèque   Library
   C) Au poste de police   Police Station
   D) Au magasin   Store

3) Que veux-tu faire ce soir? Je n'ai rien envie de ------.   What do you want to do tonight? I don't feel like ------ anything.

   A) Fait   Did
   B) Faire   **Doing**
   C) Faisait   Done
   D) Faisant   Didn't

4) Je suis fatigué. Je vais aller m'allonger dans ma ------.   I'm tired. I'm going to go lay down in my ------.

   A) Chambre   **Room**
   B) Sol   Floor
   C) Placard   Closet
   D) Table   Table

5) Mon professeur dit que nous devons tous faire plus de devoirs parce que ------ n'ont pas eu une bonne note à leur test.   My teacher said we all have to do more homework because ------ didn't get a high score on the test.

   A) Ces étudiants   Those students
   B) Il étudiants   He students
   C) Certains étudiants   **Some students**
   D) Mes étudiants   My students

6) J'ai hâte d' ------ en vacances.   I can't wait to ------ on vacation.

   A) Aller   **Go**
   B) Allais   Went
   C) Allant   Going
   D) Allé   Gone

7) Allons à la piscine ------.   Let's go swimming ------.

   A) Hier   Yesterday
   B) Avant-hier   Last night
   C) La semaine dernière   Last week
   D) Ce soir   **Tonight**

8) C'est l'heure de partir ------ tu n'es toujours It's time to go ------ you are still not ready.
   pas prêt.

   A) Ou   Or
   B) Mais   **But**
   C) Maintenant   Now
   D) Plus tard   Later

9) Je veux de la glace. Quel ------ veux-tu?   I want some ice cream. What ------ do you want?

   A) Genre   Taste
   B) Odeur   Smell
   C) Parfum   **Kind**
   D) Comment   How

10) ------ peux-tu y aller demain? Je croyais que   ------ can you go tomorrow? I thought you had to
    tu devais travailler?   work?

   A) Comment   **How**
   B) Est-ce que   Will
   C) Quoi   Have
   D) Que   What

11) J'ai acheté du lait, du pain et de la mayonnaise ------. | I bought milk, bread and mayonnaise at the ------.

    A) Au travail — Work
B) Au magasin — Store
    C) Á la bibliothèque — Library
    D) Á la banque — Bank

12) Elle est tellement heureuse, elle ------ tout le temps. | She feels so happy she ------ all the time.

    A) Boude — Frowns
    B) Peur — Scared
C) Sourit — Smiles
    D) Pleure — Cries

13) Les livres sont ------ la bibliothèque. | The books are ------ of the library.

    A) En-dehors — Outside
B) Dans — Inside
    C) Par là — Over there
    D) Á côté de — Next door

14) Donne-moi ton ------ pour que je te donne à boire. | Hand me your ------ and I'll get your some more water.

    A) Assiette — Plate
    B) Fourchette — Fork
    C) Couteau — Knife
D) Verre — Cup

Section Three - Reading Part B

In this section, read the main paragraph. Each area that has a blank and a number is a different question. Complete the paragraph with the correct answer choice.

En 1492, Christophe Colomb _1_ l'Espagne, pour établir une voie maritime vers l'Extrême-Orient. Il espérait trouver l'Inde, où il y avait beaucoup de richesses, et pour répandre le christianisme. Il prit la mer avec _2_ navires, la Nina, la Pinta et la Santa Maria. Au lieu d'arriver en Inde, il arriva aux Bahamas, où il _3_ les indigènes los indios parce qu'il croyait avoir trouvé une île au large de l'Inde.

1)
    A) quitta
    B) est allé
    C) est rentré
    D) a trouvé

2)
    A) un
    B) deux
    C) trois
    D) quatre

3)
    A) nomme
    B) avant
    C) oublié
    D) nomma

Cette année, mon anniversaire _4_ extraordinaire. Mon mari m'a fait la surprise d'un voyage à Paris et à Londres! Je ne crois pas qu'on puisse recevoir de meilleur _5_ que ça. Nous avons pris un vol pour Paris et nous sommes allés voir la Tour Eiffel. Il y a avait beaucoup de monde, mais nous n'avons pas eu à attendre trop longtemps. Nous sommes montés au sommet et on peut y voir la ville à des kilomètres. Le soleil s'est couché, alors il y avait du vent et il faisait _6_ . C'était tellement beau et romantique. Quelques jours plus tard, nous avons pris le train pour Londres où _7_ sommes allés au théâtre. La pièce était l'après-midi, ensuite nous sommes allés dîner à Simpsons-on-the-Strand. C'est un restaurant incroyable et très chic. Ils nous ont servi du rôti de bœuf, des pommes de terre et _8_ . Je n'avais plus faim, alors nous avons partagé un dessert pour deux. C'était tellement romantique et merveilleux. C'était vraiment le meilleur cadeau de ma vie.

4)
- A) a été
- B) sera
- C) peut être
- D) veut être

5)
- A) dette
- B) cadeau
- C) donné
- D) prêt

6)
- A) brillant
- B) pluie
- C) détendant
- D) froid

7)
- A) nous
- B) ils
- C) elle
- D) il

8)
- A) des bananes
- B) du pain
- C) de la boue
- D) des crayons

Il était une fois une petite fille _9_ Boucle d'Or qui vivait dans la forêt. Un jour, elle décida qu'elle ne voulait pas faire le _10_ et elle partit se promener dans la forêt. Elle découvrit une petite maison. _11_ elle frappa à la porte, personne ne répondit. Alors, comme elle était curieuse, elle entra. Elle appela : « Bonjour? » ; mais personne ne répondit. Elle décida qu'elle avait faim et elle alla à la cuisine. Sur la _12_, elle vit trois bols de porridge. Elle essaya le premier bol, mais il était trop chaud. Elle essaya le _13_ bol, mais il était trop froid. Alors elle essaya le _14_ bol, et il était parfait. Après avoir mangé le porridge, elle décida qu'elle était prête pour une sieste. Elle monta les escaliers et trouva trois lits. Le premier lit était trop dur, le second lit était trop mou, mais le troisième était parfait. Elle se coucha et _15_.

9)
  A) nommant
  B) nommera
  C) normal
  D) nommée

10)
  A) souriant
  B) crayon
  C) ménage
  D) dormir

11)
  A) pourquoi
  B) quand
  C) qui
  D) que

12)
  A) table
  B) sol
  C) plafond
  D) chaise

13)
  A) premier
  B) deuxième
  C) troisième
  D) quatrième

14)
  A) deuxième
  B) dernier
  C) premier
  D) un

15)
  A) se réveilla
  B) s'endormit
  C) s'endormira
  D) s'habilla

Ma mère m'emmenait au _16_ quand j'étais petite. On passait toute la journée à _17_ les animaux. Si j'étais sage, elle me laissait prendre _18_ train. Mes animaux préférés étaient les ours polaires. Les singes étaient amusants à regarder mais leurs cages _19_ mauvais. J'aimais aussi regarder les tigres, mais _20_ dormaient toute la journée. Ma mère emmenait un pique-nique que nous mangions sur les tables près des oiseaux. Je prenais des petits morceaux de pain dans mon sandwich et les donnais aux oiseaux.

16)
- A) zoo
- B) plage
- C) bureau de poste
- D) école

17)
- A) regardé
- B) regardant
- C) regarder
- D) regardera

18)
- A) au
- B) le
- C) la
- D) par

19)
- A) sentaient
- B) entendaient
- C) pensaient
- D) voulaient

20)
- A) il
- B) elle
- C) lui
- D) ils

Test Questions Answers & Translation

En 1492, Christophe Colomb _1_ l'Espagne, pour établir une voie maritime vers l'Extrême-Orient. Il espérait trouver l'Inde, où il y avait beaucoup de richesses, et pour répandre le christianisme. Il prit la mer avec _2_ navires, la Nina, la Pinta et la Santa Maria. Au lieu d'arriver en Inde, il arriva aux Bahamas, où il _3_ les indigènes los indios parce qu'il croyait avoir trouvé une île au large de l'Inde.

In 1492, Christopher Columbus _1_ from Spain, to establish a sea-route to the Far East. He hoped to find India where there were many riches to be had and also to spread Christianity. He sailed with _2_ ships, the Nina, the Pinta and the Santa Maria. Instead of landing in India, he landed in the Bahamas where he _3_ the people he found there los indios because he believed he had found an outlying island in the East Indies.

1)
- **A) quitta** — **left**
- B) est allé — went to
- C) est rentré — returned to
- D) a trouvé — found

2)
- A) un — one
- B) deux — two
- **C) trois** — **three**
- D) quatre — four

3)
- A) nomme — will name
- B) avant — before
- C) oublié — forgot
- **D) nomma** — **named**

Cette année, mon anniversaire _4_ extraordinaire. Mon mari m'a fait la surprise d'un voyage à Paris et à Londres! Je ne crois pas qu'on puisse recevoir de meilleur _5_ que ça. Nous avons pris un vol pour Paris et nous sommes allés voir la Tour Eiffel. Il y a avait beaucoup de monde, mais nous n'avons pas eu à attendre trop longtemps. Nous sommes montés au sommet et on peut y voir la ville à des kilomètres. Le soleil s'est couché, alors il y avait du vent et il faisait _6_. C'était tellement beau et romantique. Quelques jours plus tard, nous avons pris le train pour Londres où _7_ sommes allés au théâtre. La pièce était l'après-midi, ensuite nous sommes allés dîner à Simpsons-on-the-Strand. C'est un restaurant incroyable et très chic. Ils nous ont servi du rôti de bœuf, des pommes de terre et _8_. Je n'avais plus faim, alors nous avons partagé un dessert pour deux. C'était tellement romantique et merveilleux. C'était vraiment le meilleur cadeau de ma vie.

My birthday this year _4_ incredible. My husband surprised me with a trip to Paris and London! I don't think that you could get a better _5_ than that. We flew to Paris and went to see the Eiffle Tower. There were a lot of people there, but we didn't have to wait very long. We went to the top and you could see the city for miles around. The sun went down, so it was windy and _6_. It was so beau- tiful and romantic. A few days later, we took the train to London where _7_ went to the theater. The play was in the afternoon, so after it was over, we went to dinner at Simpsons-on- the-Strand. It is an incredible restaurant and very fancy. They served us roast beef, potatoes and _8_. I was full so we shared dessert. It was so romantic and wonderful. It was the best birthday present ever.

4)
- **A) a été** — **was**
- B) sera — will be
- C) peut être — can be
- D) veut être — want to be

5)
- A) dette — debt
- **B) cadeau** — **gift**
- C) donné — gave
- D) prêt — loan

6)
- A) brillant — bright
- B) pluie — smelly
- C) détendant — relaxing
- **D) froid** — **cold**

7)
- **A) nous** — **we**
- B) ils — they
- C) elle — she
- D) il — he

8)
- A) des bananes — bananas
- **B) du pain** — **bread**
- C) de la boue — mud
- D) des crayons — pencils

Il était une fois une petite fille _9_ Boucle d'Or qui vivait dans la forêt. Un jour, elle décida qu'elle ne voulait pas faire le _10_ et elle partit se promener dans la forêt. Elle découvrit une petite maison. _11_ elle frappa à la porte, personne ne répondit. Alors, comme elle était curieuse, elle entra. Elle appela : « Bonjour? » ; mais personne ne répondit. Elle décida qu'elle avait faim et elle alla à la cuisine. Sur la _12_, elle vit trois bols de porridge. Elle essaya le premier bol, mais il était trop chaud. Elle essaya le _13_ bol, mais il était trop froid. Alors elle essaya le _14_ bol, et il était parfait. Après avoir mangé le porridge, elle décida qu'elle était prête pour une sieste. Elle monta les escaliers et trouva trois lits. Le premier lit était trop dur, le second lit était trop mou, mais le troisième était parfait. Elle se coucha et _15_.

There was a girl _9_ Goldilocks who lived in the forest. One day, she decided that she didn't want to do her _10_ and went for a walk in the forest instead. She came upon a little house. _11_ she knocked on the door, no one an- swered. So, being a curious girl, she went inside. She called, "hello?" but no one answered. She de- cided she was hungry and went into the kitchen. On the _12_ she saw three bowls of porridge. She tried one bowl, but it was too hot. She tried the _13_ bowl, but it was too cold. Then she tried the _14_ bowl and it was just right. After she had eaten the porridge, she decided that she was ready for a nap. She went upstairs and found three beds. The first bed was too hard, the second bed was too soft, but the third best was just right. She laid down her head and went to _15_.

9)
- A) nommant — naming
- B) nommera — will name
- C) normal — normal
- **D) nommée — named**

10)
- A) souriant — smiling
- B) crayon — pencil
- **C) ménage — chores**
- D) dormir — sleeping

11)
- A) pourquoi — why
- **B) quand — when**
- C) qui — who
- D) que — what

12)
- **A) table — table**
- B) sol — floor
- C) plafond — ceiling
- D) chaise — chair

13)
- A) premier — first
- **B) deuxième — second**
- C) troisième — third
- D) quatrième — fourth

14)
    A) deuxième   second
    B) dernier   **last**
    C) premier   first
    D) un   one

15)
    A) se réveilla   nap
    B) s'endormit   **sleep**
    C) s'endormira   sleeping
    D) s'habilla   sleepless

Ma mère m'emmenait au _16_ quand j'étais petite. On passait toute la journée à _17_ les animaux. Si j'étais sage, elle me laissait prendre _18_ train. Mes animaux préférés étaient les ours polaires. Les singes étaient amusants à regarder mais leurs cages _19_ mauvais. J'aimais aussi regarder les tigres, mais _20_ dormaient toute la journée. Ma mère emmenait un pique-nique que nous mangions sur les tables près des oiseaux. Je prenais des petits morceaux de pain dans mon sandwich et les donnais aux oiseaux.

My mother used to take me to the _16_ when I was a little girl. We would spend all day _17_ at the animals. If I was good, she would let me ride _18_ the train. My favorite animals there were the polar bears. The monkeys were fun to watch but their cages _19_ bad. I also liked to look at the tigers, but _20_ would just sleep all day long. My mother would bring lunch for us and we would eat it at the picnic tables by the birds. I would get little bits of bread from my sandwich and feed them to the birds.

16)
- **A) zoo** — zoo
- B) plage — beach
- C) bureau de poste — post office
- D) école — school

17)
- A) regardé — looked
- B) regardant — looking
- **C) regarder** — **will look**
- D) regardera — saw

18)
- A) au — out
- **B) le** — **the**
- C) la — at
- D) par — over

19)
- **A) sentaient** — **smelled**
- B) entendaient — heard
- C) pensaient — thought
- D) voulaient — wanted

20)
- A) il — it
- B) elle — she
- C) lui — us
- **D) ils** — **they**

Section Three - Reading Part C

In this section you will read a short paragraph and the answer questions about it.

Le 3 janvier 2009, le dernier ouvrage de Christine Giscard sortira à Barnes and Noble au Centre Commercial Ventura. Le livre est intitulé « Pourquoi ma mère m'aime » ; c'est un roman mais Christine s'est inspirée de sa propre vie. Elle fera une courte présentation et répondra aux questions à 16h30. Ensuite, elle sera disponible pour signer des livres achetés pendant l'évènement de 5h à 7h. Le livre est normalement vendu à $24.99, mais nous offrons une promotion de pr¬é-commande. Si vous achetez le livre avant l'évènement, il ne vous coûtera que $19.99. Nous espérons vous voir à ce rendez-vous!

1) Quelle est la profession de Christine?

    A) Actrice
    B) Ecrivain
    C) Chanteuse
    D) Danseuse

2) Sur quoi signera-t-elle des autographes?

    A) Des cahiers
    B) Des tableaux
    C) Des prospectus
    D) Des livres achetés à l'évènement

3) Pour bénéficier de la promotion, il faut

    A) Amener ce prospectus
    B) Acheter à l'évènement
    C) Acheter avant l'évènement
    D) Amener un livre de chez soi

La semaine dernière, j'ai lu le livre « La Surveillance ». Le livre est écrit par Collette Aiton. Il fait 479 pages. Le livre raconte l'histoire d'une femme dont le fils disparait. Elle ne sait pas s'il a fait une fugue ou s'il a été enlevé, mais elle s'attend au pire. Elle commence à recevoir des coups de téléphone mystérieux et des messages dans son courrier. Elle va à la police, mais ils n'arrivent pas à résoudre le cas. Elle fait appel à un détective privé, M. Granville, pour l'aider à éclaircir le mystère. Mais est-il vraiment de son côté? J'ai lu le livre d'un trait. Je ne vous dirai pas ce qui arrive, vous devrez le lire vous-même.

4) Dans le livre, qui dans la famille de la femme disparait?

- A) Son fils
- B) Son mari
- C) Sa fille
- D) Son voisin

5) Pourquoi engage-t-elle un détective privé?

- A) Les policiers sont trop occupés.
- B) La police n'arrive pas à résoudre le mystère.
- C) Il n'y a pas de police.
- D) C'est une fugitive.

6) Qu'est-ce qui lui fait peur?

- A) Elle a perdu son chat.
- B) Elle reçoit des messages dans son courrier.
- C) Elle entend des bruits.
- D) On l'a suit.

7) Que craint-elle qu'il soit arrivé à son fils?

- A) Il a fait une fugue.
- B) Il est en vacances.
- C) Il est allé à l'école.
- D) Quelqu'un l'a enlevé.

Séminaire de gestion financière ce weekend! Découvrez comment mieux gérer votre argent. Vous pouvez vous débarasser de vos dettes et vivre comme vous le voulez. Le séminaire aura lieu le 5 mars à l'école St Paul à Bondy à 8 heures. Après ce séminaire, vous aurez un plan complet pour rembourser vos dettes et économiser pour l'avenir. La participation est gratuite. Apportez un crayon, un casse-croûte ou même un ami. Ce séminaire est pour tous ceux qui veulent un meilleur avenir, pour eux et pour leur famille.

8) Qui devrait participer?

   A) Tous ceux qui veulent améliorer leurs finances.
   B) Les étudiants de l'université.
   C) Les membres de cette église.
   D) Les voisins.

9) Que doit-on apporter?

   A) On n'a besoin de rien.
   B) Les frais d'entrée.
   C) Un crayon, un casse-croûte et un ami.
   D) Vos relevés de compte et vos factures.

10) Quelle est la raison de ce séminaire?

   A) Pour apprendre de meilleures habitudes de gestion.
   B) Pour passer un bon moment.
   C) Pour en savoir plus sur cette église.
   D) Pour se faire des amis.

Anton,

Je suis en train d'essayer de trouver le meilleur hôtel pour séjourner à Hawaï. Je ne sais pas quelle partie de l'île est la meilleure. Ma fille est dans un fauteuil roulant et a donc des besoins spécifiques, il faut alors que l'hôtel que nous choisissons puisse nous aider. Nous voulons aller à la plage et avoir une grande chambre non-fumeur donnant sur l'océan. Nous comptons rester sept nuits pendant le mois d'avril. Nous pouvons partir n'importe quelle semaine, vous pouvez donc nous dire quelle semaine est la moins chère. Aussi, quelle compagnie aérienne recommandez-vous? Faites-le nous savoir au plus tôt pour que je puisse faire une réservation dans les semaines à venir.

Merci,

Amélie

11) Quelle est la raison de cet email?

    A) De l'aide pour prévoir des vacances.
    B) Une invitation pour un vieil ami.
    C) Ecrire un article sur Hawaï.
    D) Envoyer une proposition commerciale.

12) Combien de temps comptent-ils séjourner?

    A) Un mois
    B) Deux semaines
    C) Une semaine
    D) Deux nuits

13) Pourquoi ont-elles besoin d'une chambre spéciale?

    A) Elles ont vraiment besoin de se détendre.
    B) Elles sont allergiques à la fumée.
    C) Elles sont difficiles.
    D) Sa fille a des besoins spécifiques.

La plupart des gens devraient manger 2000 calories par jour, selon leur niveau d'activité. Se sentir rassasié après avoir mangé est important pour pouvoir perdre du poids. Parfois les gens perdent un peu de poids mais n'arrivent pas à maigrir davantage. Ceci peut être frustrant. Il est important de manger comme il faut. Les fruits et les légumes sont très importants quand on essaie de perdre du poids. La plupart des gens n'en mangent pas assez. Aussi, on a tendance à ne pas boire assez d'eau pour garder son coprs en bonne santé. Si on boit un verre d'eau avant de manger, cela aidera à se rassasier avec moins de nourriture. Quand on mange 3500 calories, cela équivaut à une livre de masse cor- porelle. Quand on pense à ces chiffres, il est plus facile de rester en bonne santé.

14) Combien de calories une personne doit-elle consommer?

   A) 2000
   B) 3500
   C) Cela dépend de leur niveau d'acitivité
   D) Cela dépend s'il s'agit d'un homme ou d'une femme

15) Quand on essaie de perdre du poids, quel genre de nourriture doit-on manger?

   A) Des carrotes
   B) De la viande
   C) Du lait
   D) Des bonbons

16) Quel est la meilleure boisson à consommer avant de manger?

   A) Du lait
   B) De l'eau
   C) Des sodas
   D) De la bière

17) Quelle est l'idée principale de cet article?

   A) Manger sainement
   B) Faire de l'exercice
   C) Vivre plus longtemps
   D) Se sentir mieux

Maman,

Antoine a encore la varicelle. J'ai appelé le docteur et il a dit que c'était très rare mais que ça arrivait de temps en temps. Je ne peux pas aller travailler toute la semaine pour m'occuper de lui. Il est très fatigué et il se gratte de partout. Le docteur dit que je peux lui donner des bains pour le soulager. J'ai très hâte que tu viennes. Peut-être pourras-tu me donner un coup de main? Le docteur dit qu'après cette semaine, il pourra retourner à l'école. Je voulais juste te le faire savoir au cas où tu voudrais annuler ton voyage. Nous aimerions quand même te voir, mais nous comprendrons si tu ne peux pas venir. Fais-le moi savoir.

Affectueusement,

Julie

18) Quel est le motif de la lettre?

    A) Se plaindre
    B) Demander de l'argent pour payer le docteur
    C) Informer sa mère que son fils est malade
    D) Recevoir des conseils

19) Combien de fois Antoine a-t-il eu cette maladie?

    A) Une fois
    B) Deux fois
    C) Trois fois
    D) Jamais

20) Quand Antoine pourra-t-il retourner à l'école?

    A) Dans une semaine
    B) Dans deux jours
    C) Dans cinq jours
    D) Dans dix jours

Roger,

J'ai l'intention de rentrer de voyage plus tôt que prévu. Les enfants me manquent et je veux m'assurer que tout va bien dans mon jardin. Les choses ont été vraiment calmes ici, il n'y a pas beaucoup de monde à rencontrer. J'ai manqué plusieurs rendez-vous parce que les gens que je devais voir étaient malades. Je n'ai rien vendu et je n'ai pas de bonnes pistes. Je vais prendre le vol de Delta lundi à 8h15 au lieu de la même heure mercredi. Le numéro de vol est 1809. Pourras-tu quand même venir me chercher? Envoie-moi un email pour me le faire savoir.

Ton frère,

Thomas

21) A quelle heure le vol était-il prévu mercredi?

   A) 9 heures
   B) midi
   C) 8h15
   D) minuit

22) Pourquoi Thomas rentre-t-il plus tôt?

   A) Le temps était mauvais
   B) Il s'est perdu
   C) Il n'a plus d'argent
   D) Les affaires n'ont pas bien marché

23) Pourquoi parle-t-il de ses nouveaux plans à son frère?

   A) Pour savoir s'il peut venir le chercher
   B) Pour lui demander de s'occuper de ses enfants
   C) Pour lui demander de s'occuper de son jardin
   D) Pour savoir s'il peut lui emprunter de l'argent pour le vol

24) Pourquoi les choses ont-elles été calmes?

   A) Les gens avec qui il avaient des rendez-vous ne sont pas venus.
   B) Il était malade et ne pouvait pas aller à ses rendez-vous.
   C) Les gens avec qui il avaient des rendez-vous étaient malades.
   D) Il n'avait pas de rendez-vous.

Test Questions Answers & Translation

Le 3 janvier 2009, le dernier ouvrage de Christine Giscard sortira à Barnes and Noble au Centre Commercial Ventura. Le livre est intitulé « Pourquoi ma mère m'aime » ; c'est un roman mais Christine s'est inspirée de sa propre vie. Elle fera une courte présentation et répondra aux questions à 16h30. Ensuite, elle sera disponible pour signer des livres achetés pendant l'évènement de 5h à 7h. Le livre est normalement vendu à $24.99, mais nous offrons une promotion de pré-commande. Si vous achetez le livre avant l'évènement, il ne vous coûtera que $19.99. Nous espérons vous voir à ce rendez-vous!

On January 3, 2009, the latest work of Christine Giscard will be released at Barnes and Noble in the Ventura Mall. The book is entitled "Why My Mother Loves Me" and is part fiction but was inspired by Christine's real life experiences. She will give a short speech and answer questions at 4:30 p.m. After, she will be on hand to sign books purchased at the event from 5 p.m. to 7 p.m. The book is regularly priced at $24.99 but a special pre-order deal is available. If you purchase before the event, the cost will only be $19.99. We hope to see you there!

1) Quelle est la profession de Christine?

  A) Actrice
  B) Ecrivain
  C) Chanteuse
  D) Danseuse

What is Christine's profession?

  Actor
  Writer
  Singer
  Dancer

2) Sur quoi signera-t-elle des autographes?

  A) Des cahiers
  B) Des tableaux
  C) Des prospectus
  D) Des livres achetés à l'évènement

On what will autographs will be signed?

  Notebooks
  Pictures
  Special flyers
  Books purchased at the event

3) Pour bénéficier de la promotion, il faut

  A) Amener ce prospectus
  B) Acheter à l'évènement
  C) Acheter avant l'évènement
  D) Amener un livre de chez soi

To get the discounted price, you must

  Bring in the flyer
  Purchase at the event
  Purchase before the event
  Bring a book from home

La semaine dernière, j'ai lu le livre « La Surveillance ». Le livre est écrit par Collette Aiton. Il fait 479 pages. Le livre raconte l'histoire d'une femme dont le fils disparait. Elle ne sait pas s'il a fait une fugue ou s'il a été enlevé, mais elle s'attend au pire. Elle commence à recevoir des coups de téléphone mystérieux et des messages dans son courrier. Elle va à la police, mais ils n'arrivent pas à résoudre le cas. Elle fait appel à un détective privé, M. Granville, pour l'aider à éclaircir le mystère. Mais est-il vraiment de son côté? J'ai lu le livre d'un trait. Je ne vous dirai pas ce qui arrive, vous devrez le lire vous-même.

This last week I read the book "The Watching". The book is written by Collette Aiton. The book is 479 pages long. The book is about a woman who's son disappears. She doesn't know if he ran away or was kidnapped but she suspects the worst. She starts getting mysterious phone calls and notes via email. She goes to the police but they are unable to solve the case. She turns to a private detective, M. Granville, to help her get to the bottom of the mystery. But is he really on her side? I couldn't put this book down. I won't tell you what happened, you'll have to read it for yourself.

4) Dans le livre, qui dans la famille de la femme disparait?

   A) Son fils
   B) Son mari
   C) Sa fille
   D) Son voisin

In the book, who in the woman's family disappears?

Her son
Her husband
Her daughter
Her neighbor

5) Pourquoi engage-t-elle un détective privé?

   A) Les policiers sont trop occupés.
   B) La police n'arrive pas à résoudre le mystère.
   C) Il n'y a pas de police.
   D) C'est une fugitive.

Why does she hire a private detective?

The police are too busy.
The police cannot solve the mystery.
There are no police.
She is a fugitive.

6) Qu'est-ce qui lui fait peur?

   A) Elle a perdu son chat.
   B) Elle reçoit des messages dans son courrier.
   C) Elle entend des bruits.
   D) On l'a suit.

What makes her scared?

Her cat is missing.
Getting notes via mail.
Hearing noises.
Being followed.

7) Que craint-elle qu'il soit arrivé à son fils?

   A) Il a fait une fugue.
   B) Il est en vacances.
   C) Il est allé à l'école.
   D) Quelqu'un l'a enlevé.

What does she suspect about her son?

That he ran away.
That he's on vacation.
That he went away to school.
That someone took him.

Séminaire de gestion financière ce weekend! Découvrez comment mieux gérer votre argent. Vous pouvez vous débarasser de vos dettes et vivre comme vous le voulez. Le séminaire aura lieu le 5 mars à l'école St Paul à Bondy à 8 heures. Après ce séminaire, vous aurez un plan complet pour rembourser vos dettes et économiser pour l'avenir. La participation est gratuite. Apportez un crayon, un casse-croûte ou même un ami. Ce séminaire est pour tous ceux qui veulent un meilleur avenir, pour eux et pour leur famille.

Money management seminar this weekend! Find out how to more effectively manage your money. You too can be debt free and have the life you want. It will be held on March 5th at the St. Paul school in Bondy at 8 a.m. At the end of this seminar you will have made a complete plan to pay off your debts and save for your future. The cost is free. Bring a pencil, bring a lunch and bring a friend. This seminar is for anyone who would like to attend and make a better future for themselves and their family.

8) Qui devrait participer?

   A) **Tous ceux qui veulent améliorer leurs finances.**
   B) Les étudiants de l'université.
   C) Les membres de cette église.
   D) Les voisins.

Who should attend?

Anyone who wants to improve their finances.

Students from the college.
Members of that church.
Neighbors.

9) Que doit-on apporter?

   A) On n'a besoin de rien.
   B) Les frais d'entrée.
   C) **Un crayon, un casse-croûte et un ami.**
   D) Vos relevés de compte et vos factures.

What should you bring?

You don't need to bring anything.
The fee for the course.
Your pencil, lunch and a friend.
Your financial statements and bills.

10) Quelle est la raison de ce séminaire?

   A) **Pour apprendre de meilleures habitudes de gestion.**
   B) Pour passer un bon moment.
   C) Pour en savoir plus sur cette église.
   D) Pour se faire des amis.

What is the reason for the seminar?

To teach better financial habits.

To have a good time.
To learn about a new church.
To make friends.

Anton,

Je suis en train d'essayer de trouver le meilleur hôtel pour séjourner à Hawaï. Je ne sais pas quelle partie de l'île est la meilleure. Ma fille est dans un fauteuil roulant et a donc des besoins spécifiques, il faut alors que l'hôtel que nous choisissons puisse nous aider. Nous voulons aller à la plage et avoir une grande chambre non-fumeur donnant sur l'océan. Nous comptons rester sept nuits pendant le mois d'avril. Nous pouvons partir n'importe quelle semaine, vous pouvez donc nous dire quelle semaine est la moins chère. Aussi, quelle compagnie aérienne recommandez-vous? Faites- le nous savoir au plus tôt pour que je puisse faire une réservation dans les semaines à venir.

Merci,

Amélie

Anton,

I'm trying to find the best hotel to stay at in Hawaii. I'm not sure which part of the island is the best. My daughter is in a wheel chair and needs some special accommodations, so the hotel that we choose will need to be able to help us with that. We want to go to the beach and stay in a king, non-smoking oceanfront room. We plan on staying seven nights during the month of April. We can go any week, so if you can tell us which week is the best deal, we can go then. Also, what airline do you recommend? Please let me know so I can get this booked in the next week.

Thank you,

Amélie

11) Quelle est la raison de cet email?

A) De l'aide pour prévoir des vacances.
B) Une invitation pour un vieil ami.
C) Ecrire un article sur Hawaï.
D) Envoyer une proposition commerciale.

What is the reason for this email?

Help with planning a vacation.
Inviting an old friend to visit.
Writing an article about Hawaii.
Sending a business proposal.

12) Combien de temps comptent-ils séjourner?

A) Un mois
B) Deux semaines
C) Une semaine
D) Deux nuits

How long do they plan on staying?

A month
Two weeks
A week
Two nights

13) Pourquoi ont-elles besoin d'une chambre spéciale?

A) Elles ont vraiment besoin de se détendre.
B) Elles sont allergiques à la fumée.
C) Elles sont difficiles.
D) Sa fille a des besoins spécifiques.

Why do they need a special room?

They really need to relax.

They have allergies to smoke.
They are picky about where they want to stay.
Her daughter has special needs.

La plupart des gens devraient manger 2000 calories par jour, selon leur niveau d'activité. Se sentir rassasié après avoir mangé est important pour pouvoir perdre du poids. Parfois les gens perdent un peu de poids mais n'arrivent pas à maigrir davantage. Ceci peut être frustrant. Il est important de manger comme il faut. Les fruits et les légumes sont très importants quand on essaie de perdre du poids. La plupart des gens n'en mangent pas assez. Aussi, on a tendance à ne pas boire assez d'eau pour garder son coprs en bonne santé. Si on boit un verre d'eau avant de manger, cela aidera à se rassasier avec moins de nourriture. Quand on mange 3500 calories, cela équivaut à une livre de masse corporelle. Quand on pense à ces chiffres, il est plus facile de rester en bonne santé.

Most people should eat 2000 calories a day based on how active their lives are. Feeling full after eating is important for weight loss. Sometimes people lose some weight but seem to be stuck and can't lose any more weight. This can be frustrating. It is important to eat right. Fruits and vegetables are very important when you are trying to lose weight. Most people do not eat enough of these foods. Also, drinking enough water to make your body healthy is a problem. If you drink a glass of water before eating, this will help you feel full on less food. When you eat 3500 calories, it equals one pound of body weight. When you think about those numbers, it makes it easier to be a healthy person.

14) Combien de calories une personne doit-elle consommer?

   A) 2000
   B) 3500
   C) Cela dépend de leur niveau d'acitivité
   D) Cela dépend s'il s'agit d'un homme ou d'une femme

How many calories should a person eat?

2000
3500
It depends on their activity level
It depends if they are male or female

15) Quand on essaie de perdre du poids, quel genre de nourriture doit-on manger?

   A) Des carrotes
   B) De la viande
   C) Du lait
   D) Des bonbons

When you are trying to lose weight, what type of food should you eat?

Carrots
Meat
Milk
Candy

16) Quel est la meilleure boisson à consommer avant de manger?

   A) Du lait
   B) De l'eau
   C) Des sodas
   D) De la bière

What is the best fluid to drink before your meal?

Milk
Water
Soda
Beer

17) Quelle est l'idée principale de cet article? What is the main idea of the article?

    A) Manger sainement **Eat healthy**
    B) Faire de l'exercice Exercise
    C) Vivre plus longtemps Live longer
    D) Se sentir mieux Feel better

Maman,

Antoine a encore la varicelle. J'ai appelé le docteur et il a dit que c'était très rare mais que ça arrivait de temps en temps. Je ne peux pas aller travailler toute la semaine pour m'occuper de lui. Il est très fatigué et il se gratte de partout. Le docteur dit que je peux lui donner des bains pour le soulager. J'ai très hâte que tu viennes. Peut-être pourras- tu me donner un coup de main? Le docteur dit qu'après cette semaine, il pourra retourner à l'école. Je voulais juste te le faire savoir au cas où tu voudrais annuler ton voyage. Nous aimerions quand même te voir, mais nous comprendrons si tu ne peux pas venir. Fais-le moi savoir.

Affectueusement,

Julie

Mom,

Antoine has the chicken pox again. I called the doctor and he said that this is very rare but some- times happens. I have to miss work all this week to take care of him. He is very tired and itches all over. The doctor said that I can give him baths to make him feel better. I'm still looking forward to you being able to come. Maybe you can give me a day off? The doctor said that after the week is over, he can go back to school. I just wanted to let you know in case you wanted to cancel your trip. We still would love to see you, but understand if you can't come. Please let me know.

Love,

Julie

18) Quel est le motif de la lettre?

   A) Se plaindre
   B) Demander de l'argent pour payer le docteur
   C) Informer sa mère que son fils est malade
   D) Recevoir des conseils

What is the reason of the letter?

To complain
To get money for doctor bills
To let her mom know her son is sick
To get advise

19) Combien de fois Antoine a-t-il eu cette maladie?

   A) Une fois
   B) Deux fois
   C) Trois fois
   D) Jamais

How many times has Antoine had this sickness?

Once
Twice
Three times
Never

20) Quand Antoine pourra-t-il retourner à l'école?

   A) Dans une semaine
   B) Dans deux jours
   C) Dans cinq jours
   D) Dans dix jours

When can Antoine go back to school?

One week
Two days
Five days
Ten days

Roger,

J'ai l'intention de rentrer de voyage plus tôt que prévu. Les enfants me manquent et je veux m'assurer que tout va bien dans mon jardin. Les choses ont été vraiment calmes ici, il n'y a pas beaucoup de monde à rencontrer. J'ai manqué plusieurs rendez-vous parce que les gens que je devais voir étaient malades. Je n'ai rien vendu et je n'ai pas de bonnes pistes. Je vais prendre le vol de Delta lundi à 8h15 au lieu de la même heure mercredi. Le numéro de vol est 1809. Pourras-tu quand même venir me chercher? Envoie-moi un email pour me le faire savoir.

Ton frère,

Thomas

Roger,

I'm planning to come home from my trip early. I miss the kids and want to make sure that my garden is doing okay. Things have been really slow here, there are not a lot of people to meet with. I wasn't able to make several of my appointments because the people I was going to meet with were sick. I haven't sold anything and don't have any good leads. I'm going to fly in on Delta on Monday at 8:15 am instead of the same time on Wednesday. The flight number is 1809. Will you still be able to pick me up? Please email me back and let me know.

Your brother,

Thomas

21) A quelle heure le vol était-il prévu mercredi?

   A) 9 heures
   B) midi
   C) 8h15
   D) minuit

What time did the original flight arrive on Wednesday?

9 am
Noon
8:15 am
Midnight

22) Pourquoi Thomas rentre-t-il plus tôt?

   A) Le temps était mauvais
   B) Il s'est perdu
   C) Il n'a plus d'argent
   D) Les affaires n'ont pas bien marché

Why is Thomas coming home early?

There was bad weather
He got lost
He ran out of money
Business has been slow

23) Pourquoi parle-t-il de ses nouveaux plans à son frère?   Why is he telling his brother his new plans?

   A) Pour savoir s'il peut venir le chercher   **To see if he can pick him up**
   B) Pour lui demander de s'occuper de ses enfants   To ask him to take care of the kids
   C) Pour lui demander de s'occuper de son jardin   To ask him to take care of the garden
   D) Pour savoir s'il peut lui emprunter de l'argent pour le vol   To see if he can borrow money for the flight

24) Pourquoi les choses ont-elles été calmes?   Why have things been slow?

   A) Les gens avec qui il avaient des rendez-vous ne sont pas venus.   The people he had appointments with didn't show up.
   B) Il était malade et ne pouvait pas aller à ses rendez-vous.   He was sick and couldn't make his meetings.
   C) Les gens avec qui il avaient des rendez-vous étaient malades.   **The people he had meetings with were sick.**
   D) Il n'avait pas de rendez-vous.   He didn't have any appointments.

Test-Taking Strategies

Here are some test-taking strategies that are specific to this test and to other CLEP tests in general:
- Keep your eyes on the time. Pay attention to how much time you have left.
- Read the entire question and read all the answers. Many questions are not as hard to answer as they may seem. Sometimes, a difficult sounding question really only is asking you how to read an accompanying chart. Chart and graph questions are on most CLEP tests and should be an easy free point.
- If you don't know the answer immediately, the new computer-based testing lets you mark questions and come back to them later if you have time.
- Read the wording carefully. Some words can give you hints to the right answer. There are no exceptions to an answer when there are words in the question such as always, all or none. If one of the answer choices includes most or some of the right answers, but not all, then that is not the correct answer. Here is an example:

    The primary colors include all of the following:

    A) Red, Yellow, Blue, Green
    B) Red, Green, Yellow
    C) Red, Orange, Yellow
    D) Red, Yellow, Blue
    E) None of the above

    Although item A includes all the right answers, it also includes an incorrect answer, making it incorrect. If you didn't read it carefully, were in a hurry, or didn't know the material well, you might fall for this.
- Make a guess on a question that you do not know the answer to. There is no penalty for an incorrect answer. Eliminate the answer choices that you know are incorrect. For example, this will let your guess be a 1 in 3 chance instead.

What Your Score Means

Based on your score, you may, or may not, qualify for credit at your specific institution. At University of Phoenix, a score of 50 is passing for full credit. To find out what score you need for credit, you need to get that information from your school's website or academic advisor. Most schools do not offer a letter grade on your transcript for a CLEP test but give you a pass for the course.

You can score between 20 and 80 on any CLEP test. Each correct answer is worth one point. You lose no points for unanswered or incorrect questions. Don't forget, if you score 53, you did just as well as someone who scored higher. The reality is that these tests are based on the fact that you are only supposed to know about half of the material, hence the score of 50 passing. No one expects you or anyone else to get an 80. We expect you to pass with at least a 50.

 Specific Test Information

The French CLEP tests the knowledge that a college student would know over two to four semesters of college. There are 121 test questions to be answered in 90 minutes. The previous sample test is an accurate representation of the sections and the type of questions asked in each. The bolded answers are the correct answer. Because each language is unique, a translation is not literal, but gives you the same instructions or interpretation that you would get in the native language.

There are two listening sections and one reading section. Each school sets their own passing score, but the ACE recommended scores are 50 and 58. If you score between 50-58 you will receive six credit hours. If you score a 59 or above, you will receive twelve credit hours (according to your school's policy).

 Legal Note

All rights reserved. This Study Guide, Book and Flashcards are protected under US Copyright Law. No part of this book or study guide or flashcards may be reproduced, distributed or stored in a retrieval system, or transmitted in any form or by any means, electronic, mechanical, photocopying, recording, or otherwise, without the prior written permission of the publisher Breely Crush Publishing, LLC. This manual is not supported by or affiliated with the College Board, creators of the CLEP test. CLEP is a registered trademark of the College Entrance Examination Board, which does not endorse this book.

FLASHCARDS

This section contains flashcards for you to use to further your understanding of the material and test yourself on important concepts, names or dates. Read the term or question then flip the page over to check the answer on the back. Keep in mind that this information may not be covered in the text of the study guide. Take your time to study the flashcards, you will need to know and understand these concepts to pass the test.

permettre	arriver
demander	être
noir	apporter
marron	acheter

arrive	allow
be	ask
bring	Black
buy	Brown

appeler	pouvoir
annuler	nettoyer
vendre	venir
aller	cuisinier

can	call
clean	cancel
come	sell
cook	complain

couper	danser
deuxième	habiller
conduire	père
février	remplir

dance	cut
dress	2nd
Father	drive
fill	February

trouver	finir
fixer	voler
oublier	vendredi
donner	avoir

finish	find
fly	fix
Friday	forget
have	give

entendre	blesser
savoir	apprendre
écouter	vivre
mars	mère

hurt	hear
learn	know
live	listen
Mother	March

nièce	ouvrir
organiser	jouer
poste de police	premier
mettre	quatrième

open	Niece
play	organize
1st	police station
4th	put

répondre	régle
dire	voir
vendre	envoyer
signer	dormir

ruler	reply
see	say
send	sell
sleep	sign

sourire	lever
commencer	séjourner
nager	prendre
parler	croire

stand	smile
stay	start
take	swim
think	talk

penser	jeudi
étude	trèbucher
troisième	essayer
allumer	utiliser

Thursday	think
trip	to study
try	3rd
use	turn on

attendre	vouloir
blanc	travailler
atelier	inquiéter
écrire	jaune

want	wait
work	White
worry	workshop
Yellow	write

NOTES

NOTES

NOTES

NOTES

NOTES

NOTES

NOTES

NOTES

NOTES

NOTES

www.ingramcontent.com/pod-product-compliance
Lightning Source LLC
Chambersburg PA
CBHW081833300426
44116CB00014B/2579